ÌWÉ YI JÉ TI

(This book belongs to)

You're the cutest! Enjoy the book. ♡ samipe

A a

/ah/

Aja
(dog)

Aa Aa Aa Aa Aa Aa Aa

B b

/bee/

Bàtà

(shoes)

B b B̈b̈ B̈b̈ B̈b̈

D d

/dee/

Dòdò
(fried plantain)

D d

E e

/ay/

Ewé
(leaf)

E e   E e   E e   E e

Ẹ ẹ

/ehh/

Ẹyin
(egg)

E e E̶e̶ E̶e̶ E̶e̶ E̶e̶

F f

/fee/

Féré

(whistle)

F f

G g

/gee/

Gángan
(talking drum)

G g   Gg   Gg   Gg   Gg

GB gb

/gbi/

Gbàdúrà
(pray)

G B   G B   g b   g b

H h

/hee/

halè

(boast)

H h

I i

/ee/

Igi
(tree)

I i

J j

/jee/

Jeun

(eating)

J j

Kk

/kee/

Kèké

(bicycle)

K k ⋮K ⋮k ⋮K ⋮k ⋮K ⋮k

L l

/lee/

Labalábá
(butterfly)

L l

M m

/mee/

Màlúù
(cow)

M m M m M m M m M m M m

N n

/nee/

Nlá
(big)

N n

O o

/oh/

Owó

(money)

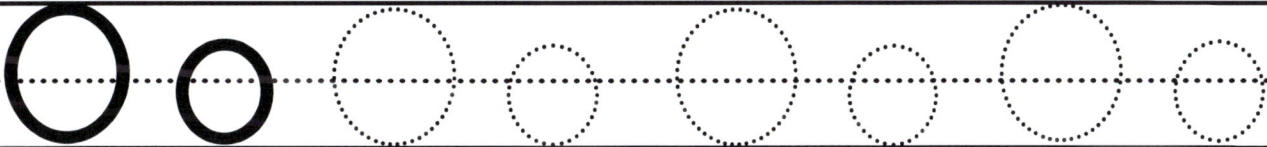

Ọọ

/or/

Ọse

(soap)

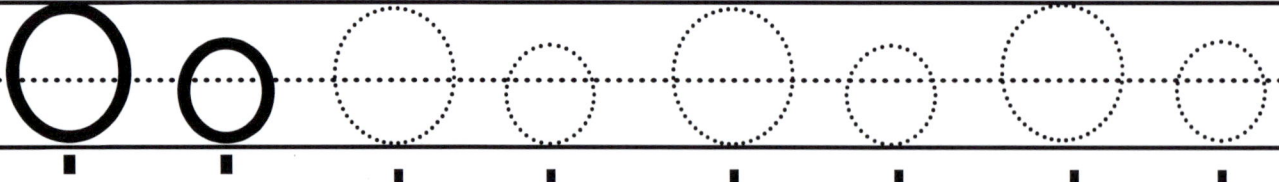

P p

/kpe/

Pupa
(red)

P p ‎ P p ‎ P p ‎ P p

R r

/ree/

Rérin

(laugh)

R r   R r   R r   R r

S s

/see/

Sáré

(run)

S s ⋯S s⋯S s⋯S s⋯S s⋯

SH sh

/she/

Síbí

(spoon)

SH Sh sh sh

T t

/tee/

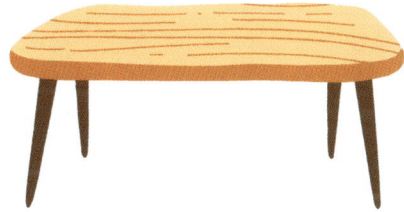

Tábílì
(table)

T t

U u

/uhh/

Ẹn**u**
(Mouth)

U u

Ww

/wee/

wéré

(young)

W w

Y y

/yee/

Yànmùyánmú
(mosquito)

Y y

ACTIVITY TIME

Connect the pictures to their alphabet

JÉ KÁ LO

Lets go!

A a

B b

D d

28

E e

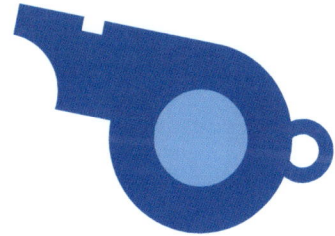

Ę ę

F f

29

G g

GB gb

H h

30

I i

J j

K k

31

L l

M m

N n

32

Oo

Oọ

Pp

R r

S s

SH sh

34

Tt

Uu

Ww

Yy
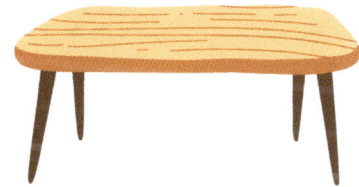

35

WHAT ALPHABETS DON'T WE HAVE IN YORUBA?

....

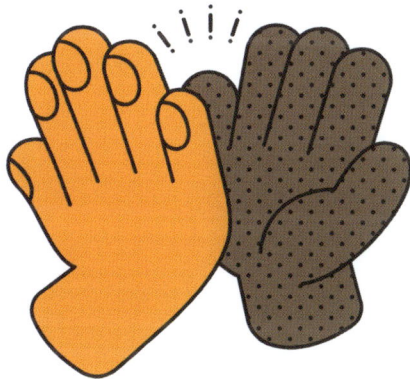

KÚ ISÉ

(Well Done)

Printed in Great Britain
by Amazon